Le Duc d'Orléans. — 2e Partie.

LES FUNÉRAILLES

PAR

E. BRIFFAULT

ILLUSTRÉES PAR QUATRE GRANDES GRAVURES
d'après **RAFFET** et **MARVILLE**

ILDEFONSE ROUSSET
Libraire de S. A. R. Madame la Duchesse d'Orléans
RUE RICHELIEU, 76

...T ET Cie
...BOURSE

P. MARTINON
RUE DU COQ-SAINT-HONORÉ, 4

LES
FUNÉRAILLES

IMPRIMERIE DE H. FOURNIER ET Ce
Rue Saint-Benoit, 7

Imp. Lacrampe

LE DUC D'ORLÉANS. — 2e PARTIE.

LES

FUNÉRAILLES

PAR

EUGÈNE BRIFFAULT

.... Oui, la nation entière s'est associée
au deuil du père, aux pensées du Roi.
LAMARTINE.

PARIS
ILDEFONSE ROUSSET
Libraire de S. A. R. Madame la Duchesse d'Orléans
RUE RICHELIEU, 76
1842

La douloureuse solennité des funérailles du Prince-royal a trouvé dans tous les organes de l'opinion publique des narrateurs fidèles et empressés.

Dans cette circonstance, la presse, interprète du sentiment général, a recueilli et transmis avec zèle et avec talent les faits qui ont frappé ses regards et les impressions qu'elle a partagées.

Les moindres détails ont paru précieux; tous, depuis ceux qui touchaient aux plus intimes souffrances de la famille, jusqu'à ceux qui racontaient avec une si lamentable splendeur le faste de la sépulture, ont été, de la part de la publicité, l'objet d'une sollicitude active, éclairée et constante.

Nous que des affections particulières et

1.

des regrets personnels ont, en quelque sorte, voué à ces récits, nous avons voulu accomplir jusqu'au bout la triste tâche qui nous était imposée. Aux notes sur la vie du Prince que nous pleurons, nous avons dû joindre celles qui de toutes parts entouraient sa tombe et qui peignaient les lugubres instants de la séparation suprême. La narration des funérailles pouvait seule compléter notre œuvre...

Nous l'avons entreprise, dans un seul but, celui de réunir pour les conserver, sur des événements qui appartiennent à l'histoire, les matériaux épars qu'il ne faut pas livrer imprudemment aux chances d'une relation éphémère.

Le langage des journaux a eu trop de patriotisme et trop de gravité pour qu'on ne cherche pas à lui assurer la durée que ses mérites ont conquise.

Aidés et soutenus cette fois, non pas seulement par le bienveillant intérêt des communications officielles, mais appuyés aussi sur l'étendue des renseignements qui ont surgi de tous côtés, nous écrivons ces pages avec la pensée de réunir rapidement et d'animer en quelque sorte les documents qu'il faut léguer vivants aux souvenirs du pays.

NEUILLY.

A quelque distance de Paris, au-delà des magnifiques avenues qui vers l'est forment l'entrée de la capitale, près de la plus brillante de nos promenades, en face de la colline et descendant mollement vers le fleuve, se trouve un village qui borde la route des deux côtés. Il est à peine séparé de la ville, c'est comme un faubourg qui a pris le devant et qui, sous les grands arbres, attend à l'ombre que Paris vienne le rejoindre.

C'est Neuilly.

A cet endroit ne demandez pas de souvenirs historiques, il a oublié tout ce qui a précédé pour lui les joies d'une renaissance qu'il devait à la plus heureuse des familles. Il y a quelques semaines encore, tout ce qu'il vous eût dit de son passé aurait retardé la satisfaction qu'il éprouvait à célébrer le présent qui le rendait si fier.

Alors il montrait avec orgueil vers la droite une villa qui paraissait se cacher aux regards, tant il y avait de modestie dans sa pose, dans son attitude, dans sa parure et dans tout son maintien ; il la montrait fraîche et charmante, tantôt courant vers la plaine pour y planter au loin ses pavillons jusqu'au hameau de Villiers, tantôt s'inclinant vers le fleuve et lui disputant ses oseraies, ses touffes de saules, ses îles avec leur pâle et épaisse verdure, puis s'emparant de ces délices, s'établissant sur la Seine, y jetant ses ponts, dressant ses kiosques sur les promontoires et couvrant de sa flottille les méandres dont elle prenait possession, tandis que ses voitures passaient fièrement sous les arches du pont de pierre, comme sous un arc triomphal.

Cette riante habitation était l'objet de soins constants, un séjour qu'embellissait sans relâche une tendresse persévérante. Le logis et la famille s'augmentaient ensemble; ils étaient contemporains et unis par une alliance fraternelle. Bientôt Neuilly, qui redoutait le faste des demeures royales, mais qui se piquait d'un goût parfait et de la plus aimable coquetterie, était devenu la plus riante retraite. Tout y était disposé pour le calme, pour l'étude, pour les paisibles jouissances, les jeux de l'enfance et le repos du sage. C'était un ravissant cottage, préparé pour tout ce qu'il y a de plus pur dans les sentiments de la famille. Un prince l'habitait, l'humilité et la simplicité d'un philosophe n'en eussent point été effrayées.

Cependant, autour de l'édifice qui grandissait en grâce comme pour se prêter aux progrès et aux besoins de la colonie qu'il voyait croître, s'étendaient de vastes jardins, de beaux et sombres massifs, des pelouses sans fin, les enlacements des allées et des touffes d'arbustes, les serres diaphanes, les parterres aux riches couleurs, les plates-bandes diaprées, mais aussi, à côté de ces feuillages, de ce gazon, de ces fleurs et de ces promenades si bien sablées, il y avait des terrains consacrés aux études utiles et aux savantes hardiesses de l'horticulture, les essais et le progrès y avaient leur domaine réservé. Dans les plaisirs de Neuilly tout était intelligent.

Là s'élevait une famille de jeunes princes, placés près du trône, mais qui aimaient à se rapprocher du pays; là d'augustes écoliers instruits avec nos enfants venaient gaîment passer le temps des vacances. Là, sous les yeux d'une mère dont rien n'égalait l'amour se formaient à toutes les vertus, des princesses toujours plus prêtes à la souffrance qu'à la grandeur; là, un prince éprouvé de bonne heure par l'infortune goûtait toute la félicité qu'un père puisse demander au ciel, et chaque jour il le remerciait de ses bienfaits en songeant à la patrie qui lui était rendue et à cette famille sur laquelle reposaient avec tant de foi ses espérances et ses prédilections.

Alors la chapelle, oratoire modeste, n'entendait que des accents de reconnaissance.

Un jour, en juillet 1830, un boulet, parti de la route de Saint-Cloud, vint labourer les touffes de fleurs; c'était un messager de royauté.

Deux jours après, Neuilly, la maison de campagne du duc d'Orléans, était au nombre des résidences royales et appartenait au roi des Français.

Il y eut des larmes versées en secret; on comprenait que ce nouvel éclat devait coûter quelque chose au bonheur.

Neuilly repoussa avec courage tout ce qui pouvait porter atteinte à ses mœurs et à ses habitudes ; il refusait de trôner et de tenir cour, il éloignait tout ce qui lui rappelait une élévation importune, et il redoubla d'efforts pour se réfugier dans la modestie de ses habitudes. Il n'y réussit pas complétement : il est, pour la royauté, des devoirs formidables, et auxquels elle ne saurait se soustraire. Tout entière, elle se doit aux autres ; elle n'a plus de loisirs pour elle-même ; c'est une rude et impérieuse condition.

Mais les visites, les réceptions, le train et la foule inséparables d'une résidence royale, la garde militaire et les alarmes, — hélas! trop justifiées! — n'étaient pas parvenus à altérer la candeur primitive de l'Éden. On y avait la connaissance du bien et du mal, mais, lorsque la cour se taisait, on y retrouvait encore des échos du paradis terrestre.

Près du cabinet du roi, et de ses fenêtres éclairées par de longues veilles, se groupaient le parloir de la reine, et de madame Adelaïde, l'atelier de la princesse Marie, les salles d'études, les herbiers, les salons de musique et de dessin, le petit appartement de chacun des enfants, et là s'agitaient bien des rires et de joyeux ébats. Plus loin, à Villiers, demeurait le Prince-royal.

Déjà, une fois, la mort avait frappé de tristesse ces tranquilles jouissances ; il y eut bien des pleurs répandues, lorsqu'on retrouva vides et déserts, à Neuilly, ces lieux que la princesse Marie vivifiait par son talent et qu'elle éclairait de ses douces et suaves inspirations.

D'autres peines étaient réservées à cet asile qui, pour être loin d'une importune magnificence, n'était pas à l'abri des terribles commotions qui font trembler les trônes les mieux affermis.

Le 13 juillet 1842, le Roi, la Reine, trois Princesses, deux Princes suivis des personnages les plus considérables de l'État, ramenaient à Neuilly le Prince-royal, ramassé mourant sur la route, mort dans une chétive maison du voisinage, et porté par quelques soldats sur un brancard façonné à la hâte.

Dès ce moment le deuil, le deuil le plus accablant et le plus profond s'étendit sur Neuilly !

Nous ne dirons ni les angoisses ni le désespoir des premiers moments, ni les scènes déchirantes des premières nuits. La désolation de la Reine n'a de point de comparaison que dans la douleur de Marie au pied de la croix de son divin fils. Ailleurs, c'était un étrange mélange de fermeté et de faiblesse, de raison et de délire.

Combien de fois ne fut-elle pas mystérieusement visitée, cette chapelle, ce sanctuaire de pieuses affections, et qui maintenant renfermait les dépouilles du premier-né ! Qui dira l'échange de ces douleurs qui se rencontraient, et cherchant vainement de mutuelles consolations ne trouvaient que des sanglots communs ? qui dira les déchirements de ces cœurs, confondus et abîmés dans une seule pensée, celle d'insupportables regrets ! Ce sont là des mystères qu'une indiscrète curiosité ne doit pas chercher à pénétrer : on ne pourrait lever le voile sans commettre une profanation. Le père, la mère, les sœurs si désolées, les frères qui ont jusqu'à la fin si dignement rempli leurs devoirs de fils, toute cette famille ne pouvait se repaître du spectacle si affligeant qu'elle avait placé au milieu d'elle, comme pour ne pas se séparer de celui que la mort lui arrachait.

Et puis vinrent, appelés par la fatale nouvelle, ceux qui étaient au loin, et chaque fois leur retour, jadis sujet d'allégresse, n'apportait qu'un surcroît d'afflictions. Il fallut bien de la force pour résister à ces commotions si vives, si cruelles, si multipliées.

Cependant, les funèbres apprêts commençaient ; il faut avoir rendu à des êtres chéris les derniers devoirs, pour bien connaître tout ce qu'il y a d'épouvantable dans l'accomplissement de ces lamentables dispositions. C'est alors qu'à tout ce qui brise le cœur, se joint tout ce qui blesse et afflige le regard ; la nature tout entière est froissée dans ces hideuses étreintes.

Le corps exposé et embaumé, le triple cercueil, l'urne pour le cœur, la chapelle ardente, les torches funéraires, les prières sans cesse retentissantes, l'autel toujours desservi, la psalmodie funèbre, les visites de tout le clergé et des prêtres venus de lointaines contrées, les formidables doutes qui tourmentaient une croyance toujours timide devant la justice céleste, les regards du père qui ne pouvaient quitter les restes du Prince-royal, et tout le sombre appareil qui enveloppait la villa éplorée, l'avaient changée en sépulcre.

Pendant dix-sept jours, Neuilly fut un tombeau!

Le 30 juillet, jour fixé pour la translation des restes mortels du Prince-royal à Paris, Neuilly frémissait de douleur sous ces honneurs funestes; il tremblait d'effroi aux bruits des funérailles royales. Le moment de l'éternelle séparation était venu; tous les efforts pour ressaisir l'auguste dépouille eussent été vains; il y a d'inflexibles hommages.

La Princesse-royale ne pouvait détacher ses yeux de ce cercueil que ses larmes et ses prières n'avaient pu entr'ouvrir.

Pour tous, ce fut comme la nouvelle d'une seconde mort.

Au dehors, se préparaient les fêtes de la mort qui, par une détestable ironie, réservent tout leur luxe pour ceux qui sont tombés de plus haut.

A neuf heures et demie, tous les aides de camp et officiers du Roi, du Prince-royal et des princes, étaient réunis dans la cour d'honneur, sur laquelle est située la chapelle où les restes mortels de M. le Duc d'Orléans avaient été déposés. Quelques instants après, les ministres, les maréchaux, le chancelier, le président de la Chambre des Députés, les députations des deux Chambres, sont arrivés. Ensuite, M. l'archevêque de Paris, accompagné de MM. les curés de Neuilly, de Saint-Roch et de Saint-Germain-l'Auxerrois, a été introduit à la tête de son clergé. MM. les chanoines de Saint-Denis, chargés du service funèbre auprès du cercueil, ont reçu le prélat à l'entrée de la chapelle.

Le Roi, la Reine, Madame la duchesse d'Orléans, la princesse Adélaïde, les princes et les princesses se sont agenouillés devant l'autel. Les princesses furent éloignées. Le Roi, resté avec ses fils, a présidé à la levée du corps qu'a béni l'archevêque. Ensuite S. M. a quitté la chapelle. Les princes ont assisté au placement du cercueil sur le char funèbre. Le canon retentit. Le cortége se met en marche et parcourt lentement l'espace qui sépare la chapelle de la grille d'honneur.

Tout le monde est à pied. En tête, s'avance le char où a été déposée, sous la garde de deux prêtres, l'urne qui contient le cœur de S. A. R. C'est un grand carrosse drapé de noir et traîné par six chevaux caparaçonnés de deuil, les panneaux en glace, l'impériale ornée de ciselures d'argent aux quatres angles, le tout surmonté d'une couronne royale. Ce char est suivi par deux aides de camp du Duc d'Orléans, M. le lieutenant-général Marbot et M. le lieutenant-général Baudrand, par un officier d'ordonnance du Roi, M. le comte de Grave, et par un officier d'ordonnance du Prince-royal, M. le colonel duc d'Elchingen.

Le char funèbre est d'une admirable magnificence. Il est attelé de huit chevaux couverts de caparaçons noirs qui traînent jusqu'à terre le riche éclat de leurs broderies en bossages d'argent. Leur tête est couverte d'immenses panaches en plumes noires. Le cercueil, placé sur le char, est couvert d'un immense poële de velours noir frangé d'argent et croisé en drap d'argent. Le char lui-même est richement ciselé. Sur l'impériale, un groupe de quatre figures représentant des génies ailés, et appuyées sur des faisceaux de drapeaux tricolores voilés de crêpes, soutient une couronne royale en or. Aux quatre angles, on voit des casques antiques aux plumes flottantes. Les pentes du char traînent sur le sol, armoriées de riches dessins. L'écusson du Prince-royal, relevé d'or, brille aux portières, sur les caparaçons et sur toutes

Typ. Lacrampe

les pièces principales de ce corbillard magnifique.

A droite et à gauche, les cordons du poële sont tenus par MM. le maréchal duc de Dalmatie, président du conseil; M. le chancelier de France, M. Laffitte, président d'âge de la Chambre des Députés, MM. les ministres de la justice et des affaires étrangères; MM. les maréchaux comte Moliter, comte Gérard et comte Valée[1].

MM. le duc de Nemours, le prince de Joinville, le duc d'Aumale et le duc de Montpensier suivent le char funèbre. LL. AA. RR. portent le long manteau de deuil par dessus leur uniforme.

Entre le char et les princes, trois officiers de M. le duc d'Orléans portent, sur des coussins de velours violet, les insignes de l'illustre défunt; M. le comte de Montguyon la couronne, M. de Chabaud-Latour

1. L'art. 28 de l'ordre du jour de M. le maréchal Gérard avait été modifié.

l'épée, M. Bertin de Vaux la grand'croix et le cordon de la Légion-d'Honneur.

Derrière les princes, suivent les grandes députations de la Chambre des Pairs et de la Chambre des Députés, conduites, l'une par M. le duc de Broglie, par M. le baron Séguier et par M. le comte Portalis, vice-président; l'autre par M. Clément et M. le général Laidet, questeurs, assistés de MM. les secrétaires provisoires.

Une compagnie de grenadiers de la garde nationale de Neuilly, qui a fourni le matin une garde d'honneur auprès de la chapelle, ferme la marche du cortége.

Arrivé à la grille d'honneur, le convoi s'arrête.

Les princes montent en voiture. Les maréchaux, placés auprès du cercueil, montent à cheval.

Alors commença à défiler le long et douloureux cortége.

Depuis Neuilly, jusques aux portes de

l'église de Notre-Dame, sur un trajet de plus de deux lieues, s'étendait une double haie de troupes formée par les régimens de la ligne et les légions de la garde nationale de Paris.

L'armée et la garde nationale portaient le deuil; les drapeaux, les tambours et les instruments de musique sont garnis de crêpes; le roulement, funèbre signal, les sombres symphonies retentissent, les salves d'artillerie annoncent le départ, et sur toute la ligne immense le recueillement gagne de proche en proche, escortant les restes illustres.

Tous les régiments, infanterie et cavalerie, étaient en grande tenue; à la tête marchaient des détachements de la garde municipale et d'autres corps.

Le général Jacqueminot précède et commande le cortége; on y remarque les chasseurs d'Afrique, ces soldats d'élite auxquels est échu l'héritage du nom de ce prince qui les aimait tant, et aussi la gendarmerie de la Seine qui a quelque chose de la vaillante allure des hommes d'armes d'un autre âge.

Ces différents détachements formaient comme la première section du convoi.

La seconde section du cortége commençait avec les premières voitures de deuil, précédées de deux cents prêtres marchant sur deux files à droite et à gauche de la route, et conduits par M. le curé de Neuilly, la croix en tête, les deux suisses de la paroisse ouvrant la marche; au milieu, les curés de Saint-Germain-l'Auxerrois, de Saint-Roch, paroisses du château, les chanoines de Saint-Denis portant le camail et la croix d'or. Les prêtres chantaient en marchant l'office des morts.

Le char qui portait le cœur du Prince-royal venait ensuite; il était précédé par les voitures de deuil de M. l'archevêque et de son clergé. Le carrosse du prélat était traîné par quatre chevaux richement caparaçonnés ; les portières aux armes du royal défunt, la livrée d'argent, l'impériale festonnée de ciselures d'un goût sévère. Une voiture de suite contenait les insignes de la dignité archiépiscopale.

Les aides de camp du Prince escortaient à cheval le char du cœur. Les gens de la maison de S. A. R. le suivaient à pied, en grand deuil. Puis venaient quatre voitures à deux chevaux où se trouvaient tous les employés de l'administration de la maison civile du Prince, M. le secrétaire des commandements de S. A. R. en tête.

En avant du char funèbre, le cheval de bataille de M. le duc d'Orléans était *Sidi-Moussa*. Il portait une immense housse en crêpe noir, brodée d'étoiles d'argent, et la selle d'uniforme d'officier général dont le Prince se servait habituellement. Deux piqueurs en grande livrée rouge le maintenaient à droite et à gauche. *Sidi-Moussa* avait été pris, en Afrique, sur un chef arabe tué au combat de l'Oued-ger. Blessé de trois coups de feu par les kabyles au moment où sa course l'entraînait du côté des Français, M. le duc d'Orléans l'avait adopté. Il le montait souvent, et c'est sur ce beau coursier qu'il était entré à Paris à la tête des chasseurs de Vincennes, quand ils vinrent, il y a deux ans, passer à Paris la revue du roi.

Après le cheval de bataille, le char funèbre s'avançait lentement, entre deux files de capitaines choisis dans la garde nationale et dans les différents corps de l'armée de terre et de mer, et ces deux files enfermées elles-mêmes entre deux haies formées par quatre compagnies de sous-officiers vétérans, marchant en ordre de bataille et s'étendant sur un espace considérable.

Derrière le char, les officiers du Prince, préposés à la garde des insignes, à cheval.

La voiture des Princes venait ensuite; traînée par six chevaux sous des caparaçons noirs, elle se faisait remarquer par la sombre austérité de sa draperie entièrement noire et sans ornements. A cet aspect, la foule éblouie par le luxe qui se déployait dans toutes les parties du cortége, s'étonnait; mais les regards du public apercevaient les augustes personnages, et cette vue redoublait l'attendrissement général; on leur savait gré de cet isolement si simple et si conforme aux sentiments de la famille.

Quatre riches carrosses suivaient.

Dans la première de ces voitures étaient le chancelier et le président de la Chambre élective ;

Dans la seconde et la troisième étaient les ministres du roi ;

Dans la quatrième, MM. les maréchaux duc de Reggio et comte Sébastiani.

La grande députation de la Chambre des Pairs et celle de la Chambre des Députés suivaient dans quatorze voitures à deux chevaux, richement drapées de deuil avec broderies d'argent, huissiers en tête.

Une quinzième voiture avait été réservée aux secrétaires des commandements des Princes de la famille royale.

Tous les officiers de la maison militaire du roi, conduits par M. le lieutenant-général Atthalin, suivaient le cortége à cheval entre la voiture des maréchaux et la grande députation de la Chambre des Pairs. Dans le nombre on remarquait MM. les lieutenants généraux comte de Rumigny, comte France d'Houdetot, baron Gourgaud, baron Aymar, MM. les maréchaux-de-camp vicomte de Rohan-Chabot, de Berthois, MM. les colonels comte Dumas, comte de Chabannes; les officiers d'ordonnance du roi et des Princes, les écuyers du roi et du Prince-royal, les chevaliers d'honneur de la reine et des princesses. M. le lieutenant-général Delort, ancien aide de camp du roi, s'était joint à la maison militaire de S. M.

M. le lieutenant-général comte Pajol figurait dans la première section du cortége, et M. le lieutenant-général Schneider, commandant la division hors de Paris, dans la troisième.

La troisième section se composait :

D'un très-grand nombre de personnes à pied, militaires ou civiles, d'officiers détachés de l'armée de terre et de mer, parmi lesquels on remarquait plusieurs uniformes de l'armée d'Afrique et une députation du 1er régiment de hussard, autrefois commandé par M. le duc d'Orléans, et qui avait été appelée à Paris par dépêche télégraphique pour assister spécialement au convoi de S. A. R. Cette députation comprenait : le colonel comte de Gouy, un chef d'escadron, un capitaine, un lieutenant, et les trois plus anciens parmi les maréchaux-de-logis, les brigadiers et les hussards.

De toutes les troupes de diverses armes

qui, suivant le programme arrêté à l'état-major de la garde nationale de Paris, devaient former la fin du convoi. Ces troupes s'étaient réunies sur la vieille route de Neuilly, leur droite s'appuyant à la hauteur de la rue du Château, s'étaient mises en marche aussitôt après qu'elles avaient été démasquées par les dernières voitures de deuil, et elles s'avançaient en colonnes serrées par peloton, l'infanterie l'arme sous l'épaule gauche, et la cavalerie le sabre à la main. Un escadron du 3e de lanciers fermait la marche du convoi.

Sur toute la ligne la foule était immense : on peut affirmer que Paris tout entier était accouru sur le passage du convoi.

A l'entrée de l'église métropolitaine le cœur et le corps furent reçus par l'archevêque de Paris, à la tête de tout son clergé, évêques suffragants, curés de toutes les paroisses de Paris, aumôniers des établissements civils et militaires, chanoines

de Saint-Denis et séminaristes de Saint-Sulpice. Une population considérable était réunie sur la place du parvis.

Sur la place du parvis, en avant de la grande façade, on a pratiqué une espèce d'*atrium*. C'est une enceinte quadrilatère, indiquée par des pylones imitant des obélisques en granit rouge, au nombre de quatorze, garnis à leur sommet de grandes chapes de deuil armoiriées d'argent et couronnées de cassolettes de bronze, où brûle un continuel encens. A l'entrée de l'enceinte s'élèvent deux grands mâts pavoisés de flammes noires et blanches, à l'écusson argenté du Prince-royal.

La façade est tendue de drap noir depuis le pied jusqu'à la hauteur où la colonnade des tours prend naissance, c'est-à-dire à cent pieds à peu près au-dessus du sol. Cette tenture est fixée sur deux corps de charpente. Celui de la partie supérieure, suivant le mouvement de retraite de la façade, est traversé par deux larges frises, brodées en ogives d'argent et en trèfles gothiques, et divisé en trois sections : celle du milieu, correspondant à la rose du fronton, étale un immense écusson d'azur décoré des lettres F. P. O., entourées de cyprès d'argent et surmontées d'une couronne royale fermée. Les deux autres sections correspondent aux deux tours, et elles portent, tracés en lettres colossales, ces deux mots : *Anvers, Algérie.*

A la hauteur de la galerie des Rois, on voit se développer un bandeau semé d'étoiles et couronné d'insignes.

Au devant des trois portails, des courtines ouvrent sur chaque porte, relevées de chaque côté par des torsades d'argent qui se rattachent à de larges patères en style ogival.

Sur le sommet des deux tours, se déploient deux grandes bannières épiscopales, en crêpe noir parsemé d'étoiles d'argent, et fixées à deux grands mâts. C'est le deuil de l'Archevêché, qui durera autant que celui de la Cour, jusqu'au 13 novembre.

Les Princes entrèrent dans la cathédrale, à la suite du clergé. Le cercueil, porté par vingt-quatre sous-officiers décorés, a été placé sous le catafalque, et recouvert de son grand drap mortuaire.

Une salve d'artillerie a annoncé l'entrée. Après le signal donné par le bourdon de Notre-Dame, les cloches de toutes les églises de Paris l'ont saluée.

L'urne qui contenait le cœur du prince a été portée par le lieutenant-général Marbot dans le chœur de la cathédrale.

Ensuite LL. AA. RR. se sont placées sur un rang en face du catafalque. Les vêpres ont été entonnées par l'archevêque et chantées par le clergé de la métropole. La cérémonie a duré une heure.

Les princes ont été reconduits à leur voiture avec le même cérémonial, et ont repris à trois heures et demie la route de Neuilly.

Si nous jetons les yeux sur l'espace parcouru par cette funèbre solennité qui avait convié et attiré sur ses pas la nation et l'armée, nous rencontrons l'Arc-de-Triomphe de l'Étoile, dont l'aspect rappelait toujours au Prince-royal, la gloire militaire vers laquelle le portaient ses meilleures affections; les Tuileries mornes et silencieuses; le pavillon Marsan, la demeure de la femme et des enfants de celui qui passait dans son linceul; ce Louvre, dont ses jeunes idées, ses généreuses sympathies et ses propres travaux faisaient pour lui un Palais, qu'il eût ouvert à l'âge récent, aux arts nouveaux et à toutes les juvéniles ardeurs.

Et puis c'était le trajet qu'avaient suivi les cendres de Napoléon! Alors toute la douleur s'attachait au passé, cette fois on pleurait sur l'avenir perdu.

Cette avenue des Champs-Élysées fut aussi celle que parcourut la duchesse d'Orléans, à son entrée dans Paris, lors de son mariage, quand son époux la présentait lui-même à la population de la grande ville.

Quel accablant contraste !

Maintenant, si nous reportons nos regards vers Neuilly, nous verrons la mère douloureusement occupée à réunir de précieux vestiges, les armes, les vêtements, tout ce qui lui rappelle son fils bien-aimé. Dans ce parc si riant, près de ce Villiers dont le Prince-royal se plaisait à escalader les grilles, on transportera la maison mortuaire avec la minutieuse exactitude de ces détails, qui tous frappent au cœur ceux qui les revoient ; ce sera un vêtement de douleur que Neuilly ne quittera plus ; un monument de deuil fixé dans le sol.

Rien n'a pu détacher la famille royale de ce séjour aux souvenances si pénibles ; elle s'attache à Neuilly comme à un mausolée.

« Je quitterais bien Neuilly, disait le roi à ceux qui le suppliaient de laisser loin de lui les lieux et les objets qui augmentaient ses afflictions; mais dites-moi comment je ferais pour y revenir ! »

NOTRE-DAME.

La vieille basilique, celle que trois siècles ont édifiée, et devant laquelle ont passé tant de révolutions, avait revêtu au dedans et au dehors de longs habits de deuil; Notre-Dame de Paris toute voilée de draperies funéraires venait de recevoir l'urne et le cercueil.

C'est là, sous cette nef, au pied de l'autel, que viennent aboutir, s'humilier, s'exalter, surgir quelquefois triomphantes, tristes ou animées, toutes les émotions nationales, rapportant au ciel leurs joies ou leurs pleurs.

Que de cantiques d'action de grâces et que de chants funèbres ont retenti sous ses voûtes ; hier, elles étaient pavoisées de drapeaux ; maintenant, elles étalent partout une funèbre magnificence.

N'est-ce pas là que l'Empire célébrait ses victoires, et qu'il a présenté au baptême le fils qui lui promettait l'avenir ?

N'est-ce pas là que la Restauration remerciait si fièrement le ciel de la conquête d'Alger, et osait rêver d'autres succès ?

Aujourd'hui, c'est encore pour un prince royal, pour l'héritier du trône, qu'elle a préparé la splendeur des funérailles.

La foule accourait de toutes parts pour contempler ces sombres merveilles.

Le vaisseau de la nef, depuis la voûte jusqu'au-dessus des galeries, est entièrement revêtu d'une tenture noire, contournée d'une frise d'ornements bysantins en broderies d'argent. A la hauteur des galeries, des génies ailés soutiennent des grou-

Typ. Lacrampe

pes de bougies. Les fenêtres sont masquées. Les bas-côtés, disposés en gradins, sont tendus de noir comme les tribunes. Au devant de chacun des piliers de la nef, à la voûte du milieu, à celle de la croix et au-dessus du chœur, d'immenses bannières noires portent ces noms : *Medeah*. *Milianah*, *Blida*, *Mascara*, les *Portes-de-Fer!*

Au centre de l'église, dans la partie qu'on nomme la croix, entre les deux nefs latérales que remplissent les amphithéâtres réservés aux deux Chambres, s'élève le catafalque royal. Il est placé sous un pavillon carré, suspendu à la voûte, et d'où descendent quatre courtines de velours doublé d'hermine, relevées aux piliers par des trophées de drapeaux tricolores.

Le catafalque se compose d'un premier soubassement carré de dix pieds de haut, revêtu de velours noir et de lames argentées, que soutiennent quatorze cariatides d'argent, sous la forme de génies ailés. Au-dessus s'élève un second soubassement oblong servant de socle au sarcophage de forme antique et sur lequel est placée la représentation simulée du cercueil royal. Le véritable cercueil est renfermé dans le socle. On y monte par un escalier de vingt-sept marches, couvertes d'un drap d'argent. En avant du sarcophage, trois piédestaux : sur celui du milieu, la couronne royale voilée de deuil, et en arrière, l'urne qui contient le cœur du prince et que recouvre un drap violet émaillé d'étoiles d'argent. Sur les piédestaux de droite et de gauche, les décorations et l'épée du Prince-royal.

La partie supérieure et les faces latérales du chœur étaient décorées comme la nef. Une mosaïque avait été placée au-dessus du maître-autel.

Il est difficile de donner une idée exacte de cette immense et somptueuse décoration.

Autrefois, on cachait le monument tout entier sous les draperies et sous les ornements ; on l'enveloppait. M. Visconti, l'architecte chargé de ces préparatifs, a pensé qu'il devait en être autrement aujourd'hui ; on peut dire qu'il a habillé l'édifice, sans rien enlever à sa forme, à son dessin, à son galbe architectonique et à sa physionomie monumentale. C'est ainsi que, sous les draperies, il a réservé l'efflorescence des chapiteaux, les nervures des cintres et des ogives, les socles arrondis des bases : ces saillies, sous l'éclat des lumières jaillissaient en blanc et montraient Notre-Dame éplorée sous son vêtement de deuil ; c'était une figure en larmes, ce n'était pas, comme jadis, un visage voilé.

Ce qu'il faut louer sans réserve, c'est la belle ordonnance du catafalque et de la quadruple draperie de velours noir, doublée d'hermine, qui tombait des quatre côtés ; cette partie de la décoration était pleine d'une élégante et sévère majesté; elle avait en outre le mérite d'affecter une forme nouvelle; plus légère que toutes celles qui ont été employées jusqu'ici.

On a pu désirer que le luxe des décorateurs et les complaisances de l'art eussent plus de déférence pour le sentiment religieux. On a cru pouvoir reprocher à l'ordonnateur de ces pompes de n'avoir pas assez pensé au triste caractère de cette cérémonie. Sans nous étonner de ces reproches, nous ne saurions les admettre. Le caractère religieux était dans la cérémonie même; et le goût qui préside aux arrangements matériels, lorsqu'il en a éloigné tout ornement d'un éclat vain et futile, a assez fait pour la religion. M. Visconti n'a pas dû, pour obéir à l'impression religieuse, abandonner toute pensée d'art. Nous accueillons volontiers cette alliance entre le goût et la piété.

Pendant quatre jours, la foule se pressait

aux portes et sous la nef ; jamais on ne vit un semblable empressement. Ce qui frappait le plus les regards, c'était l'aspect des colonels qui accomplissaient autour du catafalque la veillée funèbre, une garde de six heures. L'attitude de ces chefs était admirable ; ils avaient le maintien valeureux et dévoué des anciens preux ; ils donnaient à tous ceux qui obéissaient à leurs ordres un noble exemple de leur respect pour la discipline militaire.

Le 3 août, la cérémonie funèbre fut célébrée, dans l'église Notre-Dame, en présence de tous les corps de l'État, et d'une assemblée qui occupait toutes les places dont on avait pu disposer.

Cinq cents cierges brûlaient sur les degrés du catafalque et formaient comme une pyramide flamboyante ; le cercueil resplendissait, jetait ses lueurs et s'offrait aux regards au milieu d'une auréole glorieuse.

Quarante lustres, deux cents lampes,

cent cinquante candélabres, trois cents flambeaux, dix-huit cents cierges et des aigrettes lumineuses qui brillaient au faîte de toutes les colonnettes, répandaient partout d'éblouissantes clartés. Le chœur était rempli de prêtres portant des cierges ; c'était une masse animée et incandescente.

L'office des morts a commencé à dix heures et demie.

Les hautes et basses tribunes étaient occupées par une affluence toute vêtue de deuil ; dans les régions plus rapprochées du chœur, on remarquait les dames de la Reine et des Princesses, les dames du corps diplomatique et celles qui portent le nom des grands fonctionnaires.

On vit se placer successivement, aux endroits qui leur étaient assignés, la Cour de cassation, conduite par M. de Portalis, premier président ; la Cour des comptes, par M. Barthe ; la Cour royale, par M. Séguier ; le conseil royal de l'instruction publique ;

l'Institut de France; les chefs de division et employés de la liste civile; les chefs de division des ministères; M. le préfet de la Seine, à la tête du conseil municipal, du conseil de préfecture et des conseils municipaux de la banlieue, conduits par MM. les sous-préfets de Sceaux et de Saint-Denis; l'Académie royale de Médecine; le tribunal de première instance, conduit par M. Debelleyme; les avocats près les cours et tribunaux; le tribunal de commerce; les juges de paix; la chambre de commerce; le corps royal des ponts et chaussées et des mines, conduit par M. Legrand; les proviseurs et les censeurs des collèges royaux; le collége royal de France; les fonctionnaires, professeurs et une députation de l'École royale Polytechnique; les consistoires protestant et israélite; la chambre des notaires et celle des avoués; les députations des agents de change, des courtiers de commerce et des commissaires priseurs.

La garde nationale de la Seine, représentée par les colonels, lieutenants-colonels, chefs de bataillon, et une députation nombreuse des différents grades; M. le maréchal Gérard et M. le lieutenant-général Jacqueminot en tête, accompagnés de MM. les officiers-généraux et supérieurs de l'état-major général.

L'armée, représentée par une nombreuse députation des colonels, lieutenants-colonels et officiers de tous grades de la garnison de Paris et hors Paris, MM. les lieutenants-généraux Pajol, Schneider et Darriule en tête, accompagnés de tous les officiers-généraux et de tous les officiers des états-majors généraux des deux divisions.

Au milieu de la nef, entre les deux travées latérales, sont disposées des banquettes parallèles aux degrés du catafalque, et destinées aux aides de camp, officiers d'ordonnance, écuyers, chevaliers d'honneur, et secrétaires des commandements de la maison royale.

Quatre siéges, placés en avant du catafalque, sont destinés aux princes.

A droite de ces siéges, on voit s'asseoir M. le président du conseil et MM. les ministres, qui sont arrivés devant le portail de l'église dans quatre voitures précédées d'un piquet de garde municipale à cheval.

A gauche, MM. les maréchaux en grand uniforme.

MM. les aides de camp et officiers d'ordonnance du Prince-royal sont placés de l'autre côté de la croix, entre le catafalque et le chœur. Aux quatre coins du catafalque, quatre colonels de différentes armes, de la garde nationale et de l'armée de terre et de mer, sont debout l'épée à la main.

La Chambre des Pairs, conduite par M. le chancelier et M. le grand-référendaire, siége à droite du corps, sur les gradins d'un vaste amphithéâtre pratiqué dans l'aile droite de la croix et magnifiquement décoré. A droite de la Chambre des Pairs, MM. les ambassadeurs, ministres plénipotentiaires, ministres des cours étrangères, chargés d'affaires et secrétaires d'ambassade, conduits par M. le comte d'Appony, ambassadeur d'Autriche. On remarque au milieu du corps diplomatique lord Clanricarde, gendre de M. Canning, ancien ambassadeur de S. M. britannique auprès de la cour de Russie, et venu de Londres pour assister à ces obsèques. A gauche de la Chambre des Pairs, le conseil d'État conduit par M. Girod (de l'Ain), vice-président.

Dans l'aile gauche de la croix, la Chambre des Députés en masse, conduite par M. Laffitte, président d'âge, assisté de MM. les secrétaires provisoires.

Enfin, dans la portion de l'église réservée au chœur, M. l'archevêque de Paris vient prendre place à la tête de tout son clergé, entouré des évêques suffragants de son diocèse, du chapitre et du clergé de Notre-Dame, des curés de toutes les paroisses de la métropole, du curé de Neuilly et des aumôniers de tous les établissements civils et militaires.

A leur arrivée, les princes ont été reçus par M. l'archevêque de Paris; ils portaient de longs manteaux de deuil; leur présence a excité un recueillement profond et général.

L'office des morts a été chanté avec toute l'austérité grégorienne; l'effet en a été puissant et n'a pas permis de regretter les accents de la musique profane, l'orgue aux graves, terribles, suaves et angéliques modulations, répondait seul aux chants du chœur.

Les salves d'artillerie, les roulements de tambours ont retenti au dehors pendant toute la durée de la cérémonie; à l'élévation, le canon, le tambour, ont fait entendre un gémissement gigantesque.

Après *l'absoute*, le clergé ayant à sa tête Monseigneur l'Archevêque de Paris a gravi les degrés du catafalque et jeté l'eau bénite.

Les Princes ont ensuite accompli ce pieux devoir; l'émotion était au comble.

Vinrent ensuite, au nom du conseil des ministres, M. le maréchal Soult, président du conseil; au nom de la Chambre des Pairs, M. le chancelier, au nom de la Chambre des Députés, M. Laffitte président d'âge, et au nom du corps diplomatique, M. le comte d'Appony, doyen des ambassadeurs.

Reconduits jusqu'à leur voiture par l'Archevêque et son clergé, les Princes se sont éloignés.

Les funérailles publiques étaient accomplies; la famille allait retrouver ces dépouilles chéries que la douleur nationale rendait à son affliction.

Les caveaux de Dreux attendaient le corps du Prince-royal, et sur les marches du sépulcre se tenait, non plus le Roi, mais le Père, le chef de la famille prêt à ensevelir l'aîné de ses enfants.

C'est la troisième péripétie des funérailles, celle à laquelle nous consacrerons nos dernières pages; c'est l'épilogue de ce drame à jamais lamentable.

NOTES.

NEUILLY.

Voici dans quel ordre fut disposé le cortége militaire qui a rendu les derniers honneurs au Prince-Royal.

GARDE NATIONALE DE LA SEINE.

Translation du corps de S. A. R. Mgr. le duc d'Orléans à l'église cathédrale de Notre-Dame.

ORDRE DU JOUR.

Paris, 24 juillet 1842.

Conformément aux dispositions arrêtées par M. le président du conseil, ministre de la guerre, M. le ministre de l'intérieur et M. le lieutenant-général baron Atthalin, aide-de-camp du Roi, le maréchal, commandant supérieur, prescrit ce qui suit :

Le jour de la translation du corps de S. A. R. M. le duc d'Orléans à l'église de Notre-Dame, le cortége sera uniquement religieux et militaire. Les grands corps de l'État, les hauts fonctionnaires, les Cours de justice, etc., n'en feront pas partie, devant être réunis et groupés autour du cercueil du prince, dans la cathédrale, le jour du service funèbre, qui sera célébré le 3 août.

Les gardes nationales du département de la Seine, les troupes de la garnison de Paris, et celles de la division hors de Paris, prendront les armes le 30 juillet, pour assister au convoi de S. A. R.

A neuf heures du matin, tous les corps occuperont les emplacements qui leur seront désignés. La garde nationale sera en grande tenue d'été.

La troupe de ligne sera en grande tenue, sac au dos.

MM. les généraux seront en grande tenue, bottes à l'écuyère, pantalon blanc et ceinture.

Les drapeaux et étendards seront voilés ; les tambours seront couverts d'une serge noire ; il sera mis des sourdines et des crêpes aux tambours et aux trompettes. Les musiques ne joueront pas pendant la marche du cortége.

MM. les officiers porteront un crêpe au bras, à l'épée ou au sabre.

Une double haie de gardes nationales et de troupes de ligne sera établie sur le passage du cortége. A l'arrivée du char funèbre, les sous-officiers et soldats présenteront les armes; les drapeaux et les officiers supérieurs salueront; les tambours battront aux champs. Dans la cavalerie, les sous-officiers et cavaliers auront le sabre à la main; les étendards et les officiers supérieurs salueront; les trompettes sonneront la marche.

Les postes ou piquets qui se trouveront sur le passage du cortége prendront les armes; ceux de cavalerie monteront à cheval et rendront les honneurs prescrits pour les troupes formant la haie.

Les troupes qui précèderont ou suivront le convoi marcheront en colonne serrée, par peloton; l'infanterie portera l'arme sous le bras gauche; la cavalerie aura le sabre à la main.

La garde nationale formera la haie sur le côté qui est à droite en sortant du pálais de Neuilly. Elle s'étendra dans la rue du Château, sur la route et l'avenue de Neuilly, la place Louis XV, et se prolongera, par les quais, jusqu'au pont Notre-Dame. Elle se repliera sur ce pont pour suivre le quai Napoléon et la place du Parvis, jusqu'à l'église de Notre-Dame.

Les légions se mettront en bataille d'après l'ordre de leurs numéros, en commençant par les légions de la banlieue.

La troupe de ligne formera, sur toute cette étendue, la haie de gauche. La division hors de Paris aura sa droite au palais de Neuilly, et s'étendra jusqu'au rond-point des Champs-Elysées. A partir de là jusqu'à Notre-Dame, la haie sera formée par la garnison de Paris.

Les régiments prolongeront leur ligne de bataille dans l'ordre des numéros de leur brigade.

MM. les généraux de la garde nationale et de la troupe de ligne seront à la tête de leurs brigades.

Les sapeurs, tambours et musique, seront placés à droite des légions et des régiments.

MM. les colonels, lieutenants-colonels, chefs de bataillon, majors et adjudants-majors se placeront à la droite de leur troupe, après les musiques.

Les légions et les régiments qui formeront la haie depuis la place Louis XV jusqu'à l'entrée de la rue du Château, en arrivant sur leur terrain, se mettront en bataille dans les contre-allées de l'avenue et de la route de Neuilly, pour faciliter la circulation et permettre aux corps qui feront partie du cortége de prendre le rang qui leur est assigné ; mais, au moment où le convoi se mettra en marche, ces légions et ces régiments se porteront en avant et établiront leur ligne sur les bas-côtés de la chaussée.

Les troupes qui formeront la tête du cortége seront massées sur la route de Neuilly, en avant de la rue du Château. Des écriteaux indiqueront à chaque corps l'emplacement qu'il devra occuper.

Celles qui formeront la marche seront massées dans la vieille route, ayant leur droite à la hauteur de la rue du Château. Aussitôt que celles-ci se trouveront démasquées par les dernières voitures de deuil, elles se mettront immédiatement en marche, et prendront rang dans le cortége, sans laisser d'intervalle.

Une batterie d'artillerie sera placée à l'extrémité de la route de Neuilly, du côté du pont. Elle exécutera une salve de vingt-et-un coups de canon au moment où le corps, extrait de la chapelle du palais, sera placé sur le char, et le convoi mis en mouvement. Cette salve sera répétée par l'Hôtel royal des Invalides.

Lorsque la batterie près du pont de Neuilly aura terminé son feu, elle se mettra en colonne sur la route, se repliera sur le cortége et y prendra rang après le 17ᵉ léger.

Pendant toute la marche du cortége, il sera tiré un coup de canon, de demi-heure en demi-heure, par la batterie de l'Hôtel des Invalides.

Deux escadrons du 3ᵉ de lanciers, commandés par le lieutenant-colonel, et une batterie d'artillerie, seront établis derrière Notre-Dame.

Dans l'intérieur de l'église, la haie sera bordée tout le long de la nef, à droite par la garde nationale, à gauche par la troupe de ligne.

Ordre du Cortége.

Au premier coup de canon, tiré par la batterie près du pont de Neuilly, le cortége se mettra en marche dans l'ordre suivant :

1. Un escadron du 3e lanciers, avec étendard et musique, le colonel en tête;

2. La gendarmerie de la Seine, avec trompettes, le colonel en tête;

3. Le lieutenant-général commandant la place de Paris, et son état-major;

4. Un bataillon d'infanterie de ligne, avec drapeau, sapeurs, tambours et musique, le colonel en tête;

5. Les sapeurs-pompiers, avec drapeau et tambours, le lieutenant-colonel en tête;

6. Un bataillon de la garde municipale à pied, avec drapeau et tambours, le lieutenant-colonel en tête;

7. Le train des équipages militaires;

8. Un escadron de la garde municipale à cheval, avec étendard et trompettes, le colonel en tête;

9. Le maréchal-de-camp, commandant la brigade de cavalerie de Paris;

10. Deux escadrons du 5e de dragons, avec étendard et musique, le colonel en tête;

11. Le lieutenant-général commandant la 1re division militaire, et son état-major;

12. Un bataillon d'infanterie légère, avec drapeau, sapeurs, tambours et musique, le colonel en tête;

13. La députation de l'École spéciale et militaire de Saint-Cyr, son état-major en tête;

14. La députation de l'École polytechnique, son état-major en tête;

15. La députation de l'École d'Application du corps d'état-major, son état-major en tête;

16. Le 2e bataillon de chasseurs d'Orléans;

17. Une batterie d'artillerie;

18. Un escadron du 5e de dragons;

19. Quatre escadrons de la garde nationale à cheval, avec étendard et musique, le colonel en tête;

20. Le lieutenant-général chef d'état-major général de la garde nationale, et l'état-major général;

21. Un bataillon d'infanterie de la garde nationale de Paris, avec drapeau, sapeurs, tambours et musique, le colonel en tête;

22. Deux escadrons de la garde nationale à cheval, le lieutenant-colonel en tête;

23. Six voitures de deuil;

24. Le corps de musique;

25. Quatre officiers d'ordonnance du Roi, à cheval;

26. Un char portant le cœur du Prince.

Deux aides de camp du Prince, à cheval, occupant les deux portières.

27. M. l'archevêque de Paris et son clergé;

28. Le char funèbre.

Les cordons du poêle portés par

M. le Président du Conseil,
M. le maréchal Molitor,
M. le maréchal Gérard,
M. le maréchal Valée.

29. Trois aides de camp du Prince portant les insignes sur des coussins de velours noir;

30. Deux files de capitaines, à pied, choisis dans la garde nationale et dans les différents corps de l'armée de terre et de mer, formant une haie marchant de chaque côté des deux chars;

31. Vingt-quatre sous-officiers décorés, chargés du service du corps, et commandés par un capitaine d'artillerie; ces sous-officiers marcheront à la suite des capitaines formant la haie marchante, et se trouveront ainsi prêts à prendre le cercueil à son arrivée au grand portail de Notre-Dame;

32. MM. les ministres;

33. MM. les maréchaux de France;

34. Une députation de la Chambre des Pairs et de la Chambre des Députés ;

35. Les aides de camp et officiers d'ordonnance du Roi et des princes;

36. Le secrétaire des commandemens et les employés de l'administration du Prince-royal ;

37. Le cheval de bataille du Princc royal ;

38. La voiture du Prince, les stores baissés:

39. Une voiture de deuil pour les princes;

40. Deux voitures de deuil pour les ministres;

41. Une voiture de deuil pour les maréchaux et amiraux.

42. Dix voitures de deuil pour les officiers de la maison du Roi et des princes ;

43. Les quatre compagnies de sous-officiers vétérans marcheront d'après leur ordre de bataille, sur deux files, qui s'étendront à droite et à gauche du cortége, depuis le nº 23 jusqu'au nº 42 ;

44. Le lieutenant-général commandant la division hors Paris, et son état-major ;

45. Un bataillon d'infanterie de la garde nationale de Paris avec drapeau, sapeurs, tambours et musique, le colonel en tête ;

46. Les compagnies du génie, formant un bataillon commandé par un officier supérieur ;

47. Un bataillon du 17e léger, avec drapeau,

sapeurs, tambours et musique, le lieutenant-colonel en tête ;

48. Une batterie d'artillerie ;

49. Un bataillon d'infanterie de ligne, avec drapeau, sapeurs, tambours et musique, le colonel en tête ;

50. L'escadron de la garde nationale à cheval de la 2e légion de la banlieue ;

51. Un escadron du 5e de dragons, le lieutenant-colonel en tête ;

52. Un escadron du 3e de lanciers.

MM. les chefs de corps, marchant en tête ou en queue du cortége, veilleront à ce que les troupes serrent le plus possible les unes sur les autres, sans laisser d'intervalle, et ne se laisseront jamais couper, sous aucun prétexte, pendant toute la marche du cortége.

Lorsqu'il aura cessé de défiler, les troupes qui auront bordé la haie se ploieront en masse, par brigades, et attendront de nouveaux ordres pour rentrer dans leurs quartiers.

Arrivée du cortége sur la place du Parvis.

Au moment où la tête du cortége débouchera sur la place du Parvis, la batterie d'artillerie établie derrière Notre-Dame exécutera une salve de vingt et un coups de canon.

En arrivant devant le grand portail de l'église, les troupes tourneront à droite ou à gauche, suivront le quai de l'Archevêché ou la rue du Cloître, et se rendront sur la rive gauche ou la rive droite de la Seine par le pont de l'Archevêché ou le pont Louis-Philippe, pour rentrer immédiatement dans leurs quartiers.

Service d'honneur pendant l'exposition du corps.

Le corps du Prince-royal devant être exposé dans l'église Notre-Dame pendant les journées des 31 juillet, 1er, 2 et 3 août, et être conduit à Dreux le 4,

Un bataillon de la garde nationale avec le drapeau de la légion,

Un régiment d'infanterie de ligne (deux bataillons), commandé par un colonel, ayant son drapeau et sa musique,

Deux escadrons de cavalerie,

Une batterie d'artillerie,

Seront établis, la garde nationale sur la place du Parvis, les corps de la ligne derrière Notre-Dame, et y stationneront pour être chargés du service d'honneur pendant tout le temps que le corps de S. A. R. restera dans l'église. Ces troupes seront relevées de douze heures en douze heures.

La garde du corps sera confiée à un officier-général ou supérieur de la maison du Roi ou de celle des princes, et à quatre colonels ou lieutenants-colonels fournis : un par la garde nationale, un par la marine, et deux par l'armée de terre de toutes les armes, infanterie, cavalerie, artillerie, génie et états-majors de la garnison de Paris et de la division hors Paris.

Ces colonels ou lieutenants-colonels se tiendront aux quatre coins du sarcophage. Ils seront relevés toutes les six heures par un nombre égal d'officiers de leurs grades, jusqu'au départ du corps pour Dreux.

Service funèbre du 3 août.

Le 3 août, un service funèbre devant être célébré, et les corps constitués étant invités à y assister, la garde nationale bordera la haie sur la place du Parvis et la rue d'Arcole jusqu'au quai Napoléon, et la rue Neuve-Notre-Dame jusqu'à la rue de la Cité. Cette haie sera formée sur le côté qui est à droite en sortant de l'église Notre-Dame.

La troupe de ligne bordera la haie à gauche.

Trois escadrons de cavalerie de ligne se mettront en bataille sur le quai de l'Archevêché entre le pont de ce nom et le pont au Double.

La batterie d'artillerie établie derrière Notre-Dame s'étendra entre le pont de l'Archevêché et le pont de la Cité (ou pont de Bois).

Les deux bataillons de ligne, chargés du service d'honneur près du corps de S. A. R., se mettront en bataille dans la rue du Cloître, faisant face à l'église, et se prolongeront sur le quai Napoléon.

Soixante gardes nationaux et soixante grenadiers de la ligne formeront la haie dans l'intérieur de l'église, depuis le grand portail jusqu'aux premiers piliers de la nef.

Au moment où la cérémonie commencera, la batterie d'artillerie placée derrière Notre-Dame exécutera une salve de vingt et un coups de canon. Cette salve sera répétée par la batterie des Invalides ; ensuite la batterie près de Notre-Dame et celle des Invalides tireront, chacune, un coup de canon.

A la fin de la cérémonie, une nouvelle salve de vingt et un coups de canon sera répétée par les deux batteries.

Après le départ des corps constitués qui auront assisté à la cérémonie funèbre, les troupes rentreront dans leurs quartiers respectifs ; mais le bataillon de la garde nationale, les deux bataillons d'infanterie de ligne, les deux escadrons de cavalerie de ligne et la batterie d'artillerie resteront près de Notre-Dame pour y continuer leur service.

Le maréchal commandant supérieur,
Signé comte GÉRARD.

Pour ampliation :

Le lieutenant-général, chef d'état-major,
Signé JACQUEMINOT.

SIDI-MOUSSA.

M. de Sedinghen, capitaine du génie, écrit de Calais pour rétablir quelques faits du récit sur la capture de Sidi-Moussa, ce beau cheval arabe qui a figuré aux funérailles du Prince-royal. Voici les principaux passages de la lettre de M. Sedinghen :

« Au combat sur l'Oued-Ger, du 30 avril 1840, une ligne de tirailleurs concave était formée par des compagnies du 48e de ligne, du 2e léger et la 1re compagnie de mineurs du 1er régiment du génie, placée au centre. Il est impossible de dire qui a tué le chef arabe ; ce qu'il y a de positif, c'est que son cheval, traversant la rivière, s'avança vers le 2e peloton des mineurs. M. le capitaine en second Jourjon le fit saisir et l'envoya au bataillon du génie massé en arrière. Presque immédiatement, M. le colonel Bellonet, commandant cette arme, le fit offrir à M. le duc d'Orléans au nom des mineurs. Le prince voulut bien l'accepter, et invita à sa table M. Danet, capitaine en premier de la compagnie, en le chargeant de partager une somme de 500 fr. entre ses 79 caporaux, artificiers et mineurs. Peu de jours après, devant Cherchell, il ajouta 100 fr. pour l'homme qui avait mis la main sur le coursier sanglant Sidi-Moussa.

» Telle est la vérité sur ce cheval dont on a tant parlé, et auquel se rattachent de tristes souvenirs; car non-seulement son premier maître fut tué, mais le mineur qui le présenta au duc d'Orléans l'a été aussi, le 4 avril 1841, au Teniah; le capitaine d'artillerie Munster, chargé de donner la gratification, mourut quelques jours plus tard victime, de son service, et enfin le prince n'est plus! »

Le Prince-royal cultivait lui-même les arts; il dessinait fort bien; on a de lui quelques lithographies recommandables. Pendant une maladie qu'il fit au Palais-Royal, il dessina quelques-unes des scènes des aventures de Gulliver; il se représentait lui-même, sous les traits du héros, nain ou géant. Dans un de ces dessins, on voit une troupe de Lilliputiens qui portent une carte de visite comme un immense fardeau ; sur cette carte on lit : LOUIS-FERDINAND, DUC D'ORLÉANS, *rue Saint-Honoré, n°.., au Palais-Royal.*

NOTRE-DAME.

Il est impossible d'apporter dans les dispositions funèbres plus d'activité, de zèle et d'intelligence, que n'en a mis l'entreprise des pompes funèbres, sous l'habile et intelligente direction de M. Beaudouin.

Les travaux qui ont été exécutés à Notre-Dame ont été commencés le 18 juillet, et ont été terminés le 30, à midi. Voici le chiffre des ouvriers qui ont été employés : Charpentiers, 150 ; — menuisiers, 100 ; — tapissiers-décorateurs, 102 ; — maçons, 20 ; — lampistes, 30 ; — machinistes, 20 ; — peintres-décorateurs, 50 ; — coleurs, 20 ; — doreurs et argenteurs, 50 ; — ouvrières à l'aiguille, 300. — Si l'on ajoute à cette nomenclature tous les travaux confectionnés à l'extérieur, qui comprenaient à eux seuls quatre ateliers de brodeurs, cinq de tapissiers, cinq de selliers, deux de charrons, trois de peintres, quatre de passementiers, et plusieurs autres de tailleurs, machinistes, charpentiers, menuisiers, fabricants de bougies, de lampes, de lustres, etc., ainsi que les charrois de toute espèce, on peut calculer que, depuis douze jours et autant de nuits, plus de *six mille* personnes ont été employées à l'achèvement de ces préparatifs qui, comme importance, et surtout comme effet de deuil, surpassent encore ceux qui avaient eu lieu lors des funérailles de Napoléon.

L'épée déposée sur le cercueil du Prince-royal était celle dont il se servait en Afrique; il la portait aussi le 13 juillet; une des trois étoiles d'argent appliquées sur la garde, et qui forment les insignes du grade de lieutenant-général, avait été brisée par la chute.

Depuis le premier instant où la Reine éplorée vint auprès de son fils, jusqu'au dernier moment, la pensée religieuse a dominé tous les sentiments et toutes les actions de la mère.

Dans la maison où le Prince mourut, Elle couvrait son fils de prières et d'objets bénits et consacrés. Elle a appelé sur le cercueil de Neuilly toutes les invocations. S. M. a exprimé le désir que la cérémonie de Notre-Dame éloignât du temple tout concours mondain; elle a demandé que le plain-chant seul retentît sous les voûtes de l'église métropolitaine; ce vœu si sage a été exaucé.

MM. Auber et Halevy avaient reçu l'ordre de préparer des morceaux de musique pour la marche du convoi et pour la messe funèbre. On a dû renoncer à ces œuvres.

L'état-major de la garde nationale avait d'ailleurs acquis la conviction qu'il n'y avait pas assez de musiciens pour répondre au triple besoin de la marche des légions, de la grande symphonie, et de la cérémonie religieuse.

Les Lettres et les Arts ont rivalisé de soins et de talents pour consacrer les pieuses et touchantes souvenances de la vie et de la mort du Prince-royal. Parmi ces inspirations, il faut signaler à l'attention publique une statuette par M. Lévêque. Elle représente le Duc d'Orléans vêtu de l'uniforme d'officier-général. Cette œuvre se recommande à la fois pour la poésie de la composition et pour la vérité des détails.

Imprimerie de H. Fournier et Ce, rue Saint-Benoît, 7.

www.ingramcontent.com/pod-product-compliance
Ingram Content Group UK Ltd.
Pitfield, Milton Keynes, MK11 3LW, UK
UKHW020403230726
13925UKWH00003B/1245